Mosaik 2

MOSAIK 2

****

VED RENÉ CONSCIENCE

Foto © :Éner Nesluop

BOOKS ON DEMAND

Korrekturlæsning: Sofie Frølich Poulsen, Gitte Frølich

© René Anker Poulsen
Hjemmeside: renéconscience.dk

Forlag: Books on Demand, Hellerup, Danmark
Tryk: Books on Demand, Norderstedt, Tyskland
ISNB 978-87-4303-467-4

Indhold

Forord:

Kære læser:
Denne anden digtsamling er skabt ud af noget dybere
i vore allesammens fælles kilde af kærlighed.
Min vej til at drikke af den og være i den,
har været lang, hård og til tider særdeles nådesløs.
Du tror du har erkendt det hele og så har du
stadig spørgsmål, en kompromisløs længsel efter det
ultimative svar. På et tidspunkt, som ikke er i tid,
stopper spørgsmålene, alt falder fra og samtidig på plads.
Du har ikke flere spørgsmål, du er ....

Tak:

Inden en kort beskrivelse af digtsamlingen, vil jeg
gerne sige tak til min nærmeste familie og min bedste
ven. For støtte, forståelse og ubetinget kærlighed i
sværere tider. En helt speciel tak til min datter Sofie,
som stadig er mit klareste lys når verden trænger sig på.

Der er 52 digte i bogen, et til hver uge i et år.

Det står læseren frit for, at hoppe rundt i digtene og starte
med et digt der umiddelbart taler til en, da digtene ikke har
en kronologisk rækkefølge eller en facit liste.

Alle digte i bogen peger mod den ultimative sandhed og
det eneste der er virkeligt, men giver ikke svar på sandheden
i sig selv. Den kan kun erkendes gennem sig selv og af sig selv.

I kærlighed
René

I.

Alt er fint*

Alt er fint....

Alt er fint
Solen skinner
Kærlighed blomstrer
Minder forsvinder

Alt er fint
Nuet taler stilhed
Alt er organisk
Tanker som skyer

Alt er fint
Jeg kan ikke miste jeg
Mig opløser du
Total overgivelse

Alt er fint
Gennemsigtig, uendelig
Et spejl i alle spejle
Frihed opløser drømme

Alt er fint
Alt er fint
Alt er fint
Alt er fint

Hverdagens støj....

Egos forklædninger
Hverdagens støj
Uopmærksomheder
Vævet i menneskets tøj

Skifte fra essens
Reklamernes motorvej
Opgiver præsens
Alvor afløser leg

Skal, bør og man
Overgivelse kontrolleres
Er viden sand
Endnu et sunget vers

Må udrette noget
Livet med mening
Noget jeg har misforstået
Den fælles mellemregning

Vær stille....

Du karter rundt i alskens larm
Har hovedpine, ondt i din arm
Leder efter forklaringer på alt
Føler dine udfordringer ikke er valgt

Andre har skylden for din ubalance
Du synes ikke de giver dig en chance
Har brug for at finde et stille sted
Hvor du finder ro, der varer længere ved

I lang tid søger du efter steder med ro
Langt væk fra Nørre, Vester og Østerbro
Tager ferie, slapper af på smukke steder
Slentrer rundt i naturskønne gader, stræder

Efter kort tid hjemme, er din ro forsvundet igen
Lidt ligesom en ven, der ikke var en ven
Du tager kampe mod dine omgivelser
Revser, konfronterer alle og enhver

Du føler dig nu som en vinder
Men indeni er du tom, forsvinder
Ind i et fængsel af forsvarsmure
Observerende, sure og surere

I et splitsekund falder du helt sammen
Overgiver dig fuldstændigt i varmen
Giver slip på alt, bliver helt stille
Mærker nu, at det var det du ville

Alt er som det skal være....

Mine damer og herrer, alt er som det skal være
Du farer rundt, jonglerer med mere end du kan bære
Forsøger at være 2 steder på samme tid
Kontrollerer alt hvad du kan, i mangel på tillid

Mine damer og herre, alt er som det skal være
Samler sammen i ego's kasser, alt det spektakulære
Famler efter ros og anerkendelse i et væk
Men ender med at blive sat skakmat i det sidste træk

Mine damer og herre, alt er som det skal være
Forsøger gennem uddannelser at lære
Forstå verden, dig selv, på en ny måde
Et paradigmeskift forandrer alt hvad du troede

Mine damer og herre, alt er som det skal være
Du begynder, at mærke i stedet for, at evaluere
Livet er større og mere simpelt end et mindset
Alt er energi, flyder let uden tanker i hovedet

Jeg alene....

Jeg alene kan forstyres af verden
Indre ro transformerer smerten
Ting foregår stadig i verden
I stedet for at lide, lærer jeg af den

Hovedet fuldt af skulle, må, bør
Kan ikke åbne den hemmelige dør
Indtil frihedens have
At afmontere, er vores opgave

Du må slette dine erindringer
Starte nu, også dem du ærer
Deltage i livets dans
Connecte i resonans

Være stærk, modig og tålmodig
Holde fokus på din sti
Så vil du være fri i verden
Balanceret i kærlig færden

En stille besked....

Månens lys gaber
Den enfoldige fabler
Ting er illusioner
Tankespin i millioner

Solen skinner skarpt
Ørken, fodspor bart
Lys opløser mørke
Aldrig mere tørke

Vinden bevæger sig
Opløfter dig
I bevidsthed
En stille besked

Ilden varmer dig
Viser dig vej
På din scene
Hvisker "du er ikke alene"

Kærlighed....

Du løber efter kærligheden
Fanger den, tørrer sveden
Du opløses i forelskelsens energi
Men med et er det forbi

Du løber efter kærligheden
Denne gang mere beskeden
Er igen i forelskelsen energi
Men med et er det forbi

Du går efter kærligheden
Sætter ikke mål på tiden
Bliver forelsket igen
Lige meget soulmate, ven

Du er nu i kærligheden
Alt føles godt i trygheden
Intet kan stoppe jer
Står sammen som en hær

Du mærker nu en lavere energi
En stemme der siger det er forbi
Du forstår intet, kæmper imod
Ender på gaden, ham hun forlod

Du løfter hovedet, kigger indad
Vasker vreden væk i et varmt bad
Får nu et klarsyn, en vision
At forfølge kærlighed er en illusion

Længsel....

Du længes efter et sted med fred og ro
Et sted hvor du kunne slå dig ned og bo
Hvor solens stråler danser gennem dagene
Sommerfuglene flyver omkring på tagene

Et sted uden konflikt og stilligstagen
Til meningsløse diskussioner, mishage
Fra trætte, modløse opgivende sjæle
Der vælger at lide i stedet for at hele

Du længes efter sol, varme og balance
Ikke produktivitets linjer, avance
Et sted med udgangspunkt i ærlighed
Lyst til at være sammen i kærlighed

Hvor normer, regler, konformitet
Bliver værdiløse på denne planet
Frekvensen på dette sted er så høj
Du smider dine klæder af selvhøjtidelig tøj

Træder ind i en højere bevidsthed
Hvor vurdering, dom er fortid
Overgivelse, erkendelse gennem aha'
Bliver nu din vej, længselens svar

Fri som solen....

Du higer efter den, dens stråler
Mange siger, at den er farlig, ikke tåler
Dens helsebringende, healende eliksir
Andre siger de kan leve af den, blir'

Evigt unge, glade i sindets tanker
Ikke forbrændt, uden hud skavanker
Du må selv tage et valg i dine tanker
En farlig ødelægger eller en optanker

Men stop op et øjeblik, mærk efter
Dens stråler, dens magiske kræfter
Se om der ikke er noget indeni dig
Der resonerer med dens energi, din vej

Hen mod dit ønske om et lykkeligt liv
Frihed til at være mere end et ord i kursiv
Bare være den du er, gøre det du har lyst til
Stråle som solen, ubekymret om hvad andre vil

Tab og vind....

Du vælger intelligensens port
Her hvor livet ikke er en sport
Du betræder vejen med sandhed
Med mod, tillid til det du ikke ved

En indre kraft er vækket, driver dig
Ikke overfladens lineære vej
En fortælling uden alder og mål
Slut med tab og vind over en skål

Det er meget dybere end øjet kan se
Selv en kæmpe lup kan ikke finde det
Det kræver et sæt nye øjne uden filter
Erkendelse i tidløs magi der ikke tilter

Kærlighedens lys på vores fælles hjerte
Når vrede, uvidenhed skaber retræte
Overgiver dig nu, opløser identiteter i tid
Så lydløst som snefnug der falder så hvid

Mit hjertet bløder....

Mit hjerte bløder
Jeg er i zen
En gave for mine fødder
Søger tilflugt i mit hjem

En sms i verden
Jeg slår rødder
Må give slip på smerten
Styrke det jeg søger

Oprindelig kærlighed
Balance i verden
Varer ved
Tålmodighed i færden

Ingen kender fremtiden
Uendelige cirkler
Visdom opsluger viden
Freden sænker sig i hver især

2.

*Natur**

Forår....

Regnen falder tungt
Foråret stadigt ungt
Kulden er tilbage
Flashback til mørke dage

Udfører de sidste stræk
Efter vinterhiets træk
Er ikke helt vågen endnu
Følger dråber på vindue

Solens stråler skimtes svagt
Krokus åbner sig, forberedt
Egernet kigger forbi
Siger hej, efter sit vinterhi

Med et står det klart
Være forberedt, parat
Giver ro, fin kadence
Bare være, afstemt balance

Rosen....

Du gemmer dig i dvale
Ikke en enlig svale
Dit netværk fuld af torne
Som havet, sten i fjordene

Gennem omsorg, kærlig pleje
Må vi vande, vi kan ikke eje
Dig, din vilje til at sætte blomst
Tålmodigt uanset herkomst

Giver vi ubetinget kærlighed
Nærhed, i det vi ved
Du gemmer på en usynlig skat
Som hvert år, sætter os skatmat

Det første skud, den første duft
Overdøver alt andet i den friske luft
Vi beruses af denne magiske skønhed
Glemmer alt, på besøg i dit tidløse sted

Sommerfuglene....

Sommerfuglene er tilbage
Fløjet 3000 kilometer
Mange nætter, dage
Smukke i al slags vejr

Sommerfuglene er tilbage
Viser naturens vidunder
Dagpåfugleøje på tage
Fryser billede, tidløse stunder

Sommerfuglene er tilbage
Fra larve, puppe, til sommerfugl
Aurora, blåøje, admiraler en gave
Alle samler blomsternes guld

Sommerfuglene er tilbage
Nektaren samles i rasende fart
Dansende, unikke på endalave
Missionen lykkes, retur meget snart

Rødkælk....

Nu tilbage med din røde dragt
Klar til kamp, på vagt
Forsvarer dit territorium
Vinden lagt sig, stum

Kigger på mig og siger
Den der tilgiver
Kan holde sin flamme ren
Kærlighed vigtig, ikke sagen

Jeg måbes ved din indsigt
Husker tanker om svigt
En erkendelse opstår indeni
Giv slip på, fordi, fordi, fordi...

Din røde dragt funkler nu
Du smiler, åbnede et vindue
Du er livet, du lever det ikke
Jeg smiler, mødes i blikke

Bladenes hvislen ....

Bladenes hvislen i vindens tiltagene sang
Alt er i kredsløb, i harmonisk klang
Intet dør, genanvendes i matematiske mønstrer
Farvernes skiften i frie skabeloner

Bladenes hvislen i vindens tiltagene sang
Nogle ser bagud, mindes hvad der var engang
Andre kigger fremad mod julens glæder
Bliver det fredens vej vi betræder

Bladenes hvislen i vindens tiltagene sang
Nogle holder fast, andre giver slip, livets gang
Trækker op til storm og skybrud
Overrasker med blide snefnug, ikke slud

Bladenes hvislen i vindens tiltagene sang
Et er sikkert, vi har et valg hver gang
Hvilken sti vi end vælger at betræde
Er alt som det skal være, intet at begræde

Havet....

Havet omkring dig raser, skummer
Springer rundt i manegen, dummere
Jo mere du deltager i havets leg
Desto mere vil det opsluge dig

Du ser mindre og mindre klart nu
Kaster dig i adrenalinets trug
Er fanget i egos forførende klo
En rutschebane af håb og tro

Den hvisker; livet er en kamp
Du kan finde ro ved støvletramp
Alle er vi stærke sammen
Fælles regler, ikke bryde rammen

Havet stilner af et kort øjeblik
Du gennemskuer egos trick
Giver helt slip på tanker, ord
Finder hjem til der hvor hjertet bor

Kærlighed opløser din indre tomhed
Højfrekvens fylder dine sultne led
Lyset vender tilbage i din sjæl
Kysser blidt havets bred, siger farvel

3.
Valg*

Valget....

Du glimter gennem facadens hårde skal
Men er sårbar, besværget af livets valg
Der er så meget at forholde sig til
Mange ting man skal, ikke vil

Men inderste inde er du ikke i tvivl
Kærlighedens vej er det du ønsker i dit liv
Så du prøver at mærke efter, finde ro
Dit hjerte støtter dig, bygger en bro

Mellem den støj og forvirring der er i verden
Men dit inderste ønske om at give slip på smerten
Som konflikter, mangel på bevidsthed hos andre
Har skabt i dit indre, ender som værdiløse tanker

Du finder trøst og støtte hos dine kære
Men skal selv tage dit valg, være
Kærlig, åben for at løse dit livs puslespil
Så vil lidelser og smerte forsvinde, du vil være hel

Online

Er du online på din smartphone, tablet eller livet
Er du ydmyg eller tager du alting for givet
Er du en gamer eller flyder du med i det der er
Vurderer du alt eller er du glad i både sol og regnvejr

Er du online på din smartphone, tablet eller livet
Ser du tingene på en skærm, eller molekylerne tæt
Holder du aldrig pause eller har du givet slip på tid
Evigt jagtende anerkendelse eller overgivet dig i tillid

Er du online på din smartphone, tablet eller livet
Er du flagrende eller rodfæstet som sivet
Kæmper du for kærlighed eller har du ro heri
Et pendul i glæde, sorg eller en fredfyldt sti

Er du online på din smartphone, tablet eller livet
Tør du opgive din status, dit mindset
Bare være, lege med i livets leg
Opgive alt der er, dig, du og mig

Kærlighed bor i os alle....

Maleren maler solen sort
Præsten står ved himlens port
Vi har alle et valg at tage
Ikke så meget tid tilbage

Lineære konstruktioner
Gøgler i verdens funktioner
Tro, håb og kærlighed
Driver mennesket, bliver ved

Tror kærlighed kan gives, fås
Håber kærlighed kan opnås
Svinger i andres pendul
Klør på i hamster hjul

Kærlighed bor i os alle
Tidløs i vores drømme
Kan du gennemskue?
Lige her, lige nu

Klunseren....

En toptunet klunser på Nørrebro
Smækker med døren, snører sine sko
Masser af værdighed, intet sted at bo
Opgivet samfundet, mistet sin tro

Kan klare sig selv, ingen hjælp
Ingen fin mad, ingen kelp
Spiser af samfundets rester
Søger trøst hos kirkens præster

Finder en gammel bog
Den taler om frihed, intet åg
Lykkelig uden ting
Skæbnen, illusionernes sind

Starter forfra, kærlighed i hånd
Løftes af engle, uden bånd
Forstår livets inderste essens
Du kan kun være pressens

Bygger bolig i skoven
Rydde helt op foroven
Inviterer alle til at være med
Til at starte et fristed

Ingen regler, ingen lov
Du er her kun for sjov
Alle har en stemme
Det må vi aldrig glemme

Parat....

Dilemma i kosmos
Åbenhed på trods
Mange spørgsmål
Svar i høstaks nål

Ingen ved det glemte
De unge må vente
I tidløs spænding
Afmontere blænding

Illusioners galleri
Været forbi
Kan, kan ikke li'
Kærlighed hullet si

Det unavngivne
Uden endelse
Giver ny start
Er du parat

Dagdrømme....

Drømmer jeg er vågen
Drømmer mig ud af tågen
Drømmer jeg er mere end mig
Drømmer jeg siger nej

Dualiteternes kampe
Føler en form for krampe
Jeg vil gerne give slip
Men sindet ønsker trip

Drømmer jeg er alene
Drømmer om den store scene
Drømmer jeg er helten
Drømmer jeg er Aryuna i felten

Erkender min kamp er min egen
Kan ikke kæmpes på mine vegne
Må tage mine valg i hjertet
Drømmenes fald, DET er resultatet

Ordløs ....

Digt uden ord
Usynlig, uden spor
Giver ingen mening
Et koan uden zen

Kan du
Give slip nu
Mindfulness ligge
Tilbage i egos krybbe

Mærke liv
I din indre tvivl
På ordløs magi
Vil kigge forbi

Dit sind overgivet
I tidløs mindset
Kærlighed blomstrer
I ordløse vokaler

Den oprindelige vej....

Udefinerbar skønhed
Det oprindelige sted
Intet navn findes
Ingen tvinges

Lydløse energier
Utallige universer
Alt er tilstede
Tidløs glæde

Intet at nå
Uendelige veje at gå
Sorte hullers oprindelse
Bevidsthedens forbindelse

Giv slip, overgive dig
Til livets oprindelige vej
Kærlighed eksistens
Hvor alle er lige i essens

4.

Væren*

Jeg er glad....

Jeg er glad for vejret
Jeg er glad for solen
Jeg er glad for fuglene
Jeg er glad for blomsterne

Jeg er glad for mit hjem
Jeg er glad for mine døtre
Jeg er glad for min mor
Jeg er glad for min bror

Jeg er glad for at have noget at spise
Jeg er glad for at kunne bevæge mig
Jeg er glad for at være rask
Jeg er glad for at kunne mærke mig selv

Jeg er glad for mit rolige sind
Jeg er glad for min kærlige sjæl
Jeg er glad for bevidsthedens stemme
Jeg er glad for at være

Syretrip....

Alt er i spil
Flipperspil
Overfladespil
Gallerispil

Normløs
Sanseløs
Tankeløs
Førerløs

Parkometer
Kilometer
Anormaliteter
Specialiteter

Tvangfri
Sindsfri
Relationsfri
Afhængighedsfri

Ismer....

Kapitalisme
Masochisme
Feudalisme
Nihilisme

Fundamentalisme
Darwinisme
Naturalisme
Realisme

Liberalisme
Kommunisme
Centralisme
Socialisme

Egoisme
Altruisme
Konstruktivisme
Panteisme

Jeg elsker mig selv....

Jeg elsker mig selv
Jeg elsker mig
Jeg elsker
Jeg

Jeg
Jeg er
Jeg er tilstede
Jeg er tilstede nu

Nu er der fred
Nu er der
Nu er
Nu

Nu
Nu altid
Nu altid tidløs
Nu altid tidløs kærlighed

Den søgende....

Du søger efter muligheder
Du søger efter forklaringer
Du søger efter forståelse
Du søger efter andre med samme mening

Du søger efter frihed

Du søger efter anerkendelse
Du søger efter retfærdighed
Du søger efter tilgivelse
Du søger efter mere tid

Du søger efter frihed

Du søger efter mening med livet
Du søger efter mening med døden
Du søger efter spirituelle fællesskaber
Du søger efter kærlighed

Du søger efter frihed

Du søger efter dig selv
Du søger efter noget højere
Du søger efter et højere selv
Du stopper med at søge

Du er fri

Er....

Du er alt der er
Du er før mellemrummet
Du er efter mellemrummet
Du er mellemrummet

Jeg er alt der er
Jeg er under stenen
Jeg er over stenen
Jeg er stenen

Vi er alt der er
Vi er under vandet
Vi er over vandet
Vi er vandet

Det er alt der er
Det er før noget
Det er efter noget
DET er altid

Viser mig...

Træet viser mig tålmodighed
Fuglen viser mig frihed
Hunden viser mig tilgivelse
Giraffen viser mig overblik
Vandet viser mig gennemsigtighed
Vinden viser mig usynlighed
Solen viser mig lys
Mælkebøtten viser mig styrke og kraft
Ilden viser mig varme
Flygtningen viser mig medfølelse
Laksen viser mig mod
Barnet viser mig uskyld
Rosen viser mig æstetik
Tiggeren viser mig ydmyghed
Edderkoppen viser mig overgivelse
Jorden viser mig skrøbelighed
Stjernerne viser mig afstand
Universet viser mig det uendelige
DET viser mig alt

5.

*Tilstede**

Tilstede....

Din sjæl bader i indvendig lys
En frekvens så evigt, generøs
Healer din krop og hoved
Giver slip på hvad du troede

Du er bare, tilstede i verden
Indre fred i din færden
Hører andre lider
Husker tider

Hvor du kæmpede i paradokser
Ligesom en bokser
Nu er du fri af egos arme
Finder ro i de højere energiers varme

Deltager i livet, fri
Alkymistens magi
Kærlighed din vej
Relationer, ubundne, en leg

Paradox....

Paradox i tid
Ikke til at vide
Lægger spor ud
Ego eller Gud

Giver slip, holder fast
Overgivelse, fantast
Energi i mange retninger
Sindets omskiftelige vejr

Tiden føles lang i kort tid
Fortælling erkendes, rigid
Åbner op for tidløshed
Tvivlen opløses, du ved

At hverken Ego eller Gud
Kan løfte dig derud
Hvor du hviler, frygtløs
I balance, uprætentiøs

Det oprindelige....

Vi følges altid ad
Sammen går vi betrådte stier
Sammen går vi ubetrådte stier
Uden at vide af

Vi har gået her mange gange før
Du kender alle veje
Jeg igang med at måle og veje
Strategier må forsøges før

Jeg igen må erkende
Nulpunktet er ude af sindet
Mød trygt din frygt i sindet
Træd ud af ego, så vil du erkende

Du og JEG er den samme kraft
Det oprindeliges fredfyldte kilde
Alle søgendes skjulte kilde
Uudtømmelig for skabelsen kraft

Jeg ....

Jeg skabte dig
Dit liv, din vej
Ingen restriktioner
Muligheder, millioner

Jeg er altid med dig
I universets leg
Støtter og guider
Dig i al slags vejr

Jeg forenes med dig
Når du erkender mig
Finder ro, stilhed
Slut med tro, du ved

Jeg er dig, du er mig
Tidløs, samme surdej
Altid tilstede, overalt
I flow, livets salt

Unikke....

Så tidløs i kærlighed
Du ved besked
Kan ikke være andet
Som dråben i vandet

Hænger sammen med alt
Ikke noget du har valgt
Kærlighed har ingen agenda
Skal ikke give og ta'

Flyder på solens vinger
Ingen betingelser
Flow så overvældende
Intens overgivelse

Dit jeg opløses i DET
Sprænger skala, kan se
Alt der overhovedet er
Samme sted, unikke hver især

Tom for ord...

Jeg er tom for ord
Fortidens meritter stor
Leder ikke mere
Vokaler ikke flere

Jeg er tom for ord
Alt, organisk jord
En lethed i sind
Elegant, usynlig vind

Jeg er tom for ord
Andre forundret, tror
Jeg er syg, svækket
Selvværd/selvtillid knækket

Jeg er tom for ord
Ved nu hvor kærlighed bor
Freden fundet mig
Stilheden viser vej

6.

Tid*

Vi .... (livets show)

Vi mødes i fortid og fremtid gennem tanker, handling
Men det er nuet der skaber varig forvandling
Kun når vi mærker, søger efter svar i vores indre
Vil vi forstå det som timeglasset forhindrer

Ved at stille dybe spørgsmål med tålmodighed
Nysgerrigt afvente deres potentiale, besked
Vil vores ønsker om glæde, flow i vores liv
Langsomt vække noget som i lang tid var inaktiv

En form for usynlig guide der hjælper os til at se
Klarere, kærligt på vores udfordringer, le
Af ting som før i tiden skabte problemer, modvind
Nu blive opløst i bevidsthedens levende sind

Vi giver nu helt slip, overgiver os til det der er
Vi har løst gåden om tid, bevæger os uden besvær
I tidløs cirkulær bevidsthed, energiernes flow
I balance, uden behov for at ændre livets show

Alt er godt....

Alt er godt, alt er sundt
24 timer, året rundt
I vind, al slags vejr
I regn med trætte tæer

Finder shelter i hårde tider
I tørvejr, de store vider
Alt er organisk, intet forgår
I dvale, ventende på forår

Virker smukkere om sommeren
Blomster sået med rund hånd
Badevand i høj temperatur
Mennesker slapper med en lur

Bliver forelskede i hinanden
Egos leg med manden
Kærlighed findes overalt
Bliver kvinden fortalt

Duggede ruder lyser op
Elskov på sin højeste top
Faldet bagefter er stort
Tabet endnu en gang gjort

Sand kærlighed har intet fald
Bevæger sig rundt uden tal
Giver betingelsesløst uden tid
Vægtløs sne der falder hvid

Årets sidste dag....

Årets sidste dag, så smuk i sol
Vinden danser fra pol til pol
Den sidste ånde fra året der gik
Regn, blæst, masser af sol vi fik

Jorden drejer stadig behageligt rundt
Månen kigger forbi, alt er sundt
Lidt malurt i bægeret, menneske tanker
Ikke en splint mere, men næsten planker

Natur, dyr og organiske visioner
Breder sig stille blandt millioner
Bæredygtige i livets spil
Færre og færre er i tvivl

Kærlighed er det eneste sande
Balance i at så og vande
Skaber fred i menneskets sjæle
I hinandens mangfoldighed vil vi dvæle

Nu....

Ind i nuet
Bestemt mindset
Løber rundt
Er det sundt

Stopper op
Korkprop
Flyder på vandet
Slipper sindet

Nu'et findes som
Bestemt form
I tid og lineært
Noget vi har lært

Det eneste virkelige
Tidløs, stille i bevægelse
Uden mål, fri
NU, teofani

Tiden....

Tiden føles lang
Venter på festens sang
Dagene går
Den skønne vår

Rastløshed i sindets krog
Tidligere tiders sorg
Bæres med ærbødighed
Hvor lang tid, ingen ved

Pludselig kaldes ind til fællessang
Ventetiden alligevel ikke så lang
Glæden opløser sorgen
Tidløsheden en ven

Tid kommer og går
Kærlighed består
Kan ikke forsvinde
Uberørt af ubevidste vinde

Støv....

Vendt tilbage
Ingen klage
Porøst
Alt opløst

Støv tilbage
Tidløse dage
Ingen sult, tørst
Stilhed, ingen røst

Lys, intet mørke
Kærlighedens vugge
Intet, alt tilstede
Tidløs glæde

Bevidstheden nysgerrig
Ydmyg, oprigtig
Intet rigtigt, intet forkert
Åbner øjnene, barnet genert

7.

?*

Hvad er Gud....

Engle har vinger
Blomster har skud
Mennesker har hjerter
Men hvad er Gud

Børn har fantasi
Professoren har hovedbrud
Bjørnen har sit hi
Men hvad er Gud

Naturen har regnbuen
Klunseren har sit rod
Hjemløse har varmestuen
Men hvad er Gud

Træet har rødder
Maleren har båret penslen ud
Dansen har fødder
Men hvad er Gud

Hvad er nuet....

Kommer tid kommer råd, siger man
Alt er tilstede hele tiden, siger nuet
Søg og du skal finde, siger man
Det du leder efter har du selv gemt, siger nuet

Livet går op og ned, siger man
Livet er en linedans, siger nuet
Du skal yde før du kan nyde, siger man
Den lykkelige ejer intet, siger nuet

Kærlighed gør blind, siger man
Kærlighed opløser alt, siger nuet
Kærlighed er at give og tage, siger man
Kærlighed gør ikke forskel, siger nuet

Held og lykke, siger man
Bevidsthed, siger nuet
Du skal tro på dig selv, siger man
Du ER; siger nuet

Tak....

Tak for at jeg altid finder tilbage til dig
Når sindet, ego har taget en omvej
Tak for din ubetinget kærlighed til mig
Når jeg forblindes i paradoksernes leg

Tak for du aldrig mister tålmodigheden
Når jeg tror jeg finder lykken i smedjen
Udtænker det ene slag efter det andet
Finder ud af det hele løber ud i sandet

Tak for at jeg altid finder tilbage til dig
Når spirituelle illusioner griber mig
Gør mig til noget større, mere værdigt
Idéer om dualitet, være noget særligt

Tak for den du er, altid vil være
Uforanderlig, kærlighedens bærer
Byder alle velkommen, ikke vurderende
Selv de hjemløse er garanteret et værelse

Den....

Som to statuer af armeret glas
Med indrejse ret i forskellige pas
Kigger vi forundret på mennesker
Deres dilemmaer hver især

Men noget binder dem sammen
Ikke fadervor, tro og ammen
En form for usynlig energi
Der kan bøjes, men er udelelig

Altid tilstede, upartisk
Givende, aldrig krigerisk
Observerende, til rådighed
For alle der kender dens sted

Men de fleste er blinde for den
Skaber fjende i stedet for ven
Forsøger at kontrollere tid
Deler alt op i sort og hvid

Et kort øjeblik kigger den frem
De modige ser bag dens ham
Ser lysets uendelige flamme
Vi er alle fra den samme stamme

Yo-haku ....

Yo-haku, hvad betyder lige det
Yo-haku, noget du ikke kan se
Yo-haku, noget der ikke er der
Yo-haku, kan ikke måles i værd

Yo-haku, uden bund og top
Yo-haku, begyndelsen før popup
Yo-haku, altid og uden tid
Yo-haku, ingenting, intet slid

Yo-haku, bære af det tomme rum
Yo-haku, fragmenteret, samlet sum
Yo-haku, bære af alle frøs, frø
Yo-haku, frosset i tid, kan ikke dø

Yo-haku, alle moders, mor
Yo-haku, skabt enhver søster, bror
Yo-haku, Himalayas vugge
Yo-haku, livets salts krukke

8.

Tilskueren*

Rød....

Rød er flaget
Rød er velbehaget
Rød er fiskenettet
Rød er kurveflettet

Rød er sagen
Rød er kagen
Rød er smagen
Rød er knagen

Rød er liljen
Rød er viljen
Rød er smerten
Rød er verden

Rød er fjorden
Rød er temperaturen
Rød er jorden
Rød er tilskueren

Blå....

Blå er havet
Blå er revet
Blå er tabet
Blå er gabet

Blå er solen
Blå er kjolen
Blå er molen
Blå er skolen

Blå er håbet
Blå er råbet
Blå er ægget
Blå er nettet

Blå er skoven
Blå er længslen
Blå er jorden
Blå er tilskueren

Grøn....

Grøn er skoven
Grøn er fisken
Grøn er hemsen
Grøn er spætten

Grøn er løvet
Grøn er støvet
Grøn er tørvet
Grøn er havet

Grøn er vreden
Grøn er sveden
Grøn er smeden
Grøn er kæden

Grøn er himlen
Grøn er vrimmelen
Grøn er jorden
Grøn er tilskueren

Til det tidløse som fødte mig